海上絲綢之路基本文獻叢書

粵劍編

〔明〕王臨亨 撰

文物出版社

圖書在版編目（CIP）數據

粵劍編 /（明）王臨亨撰. -- 北京 : 文物出版社，
2022.7
（海上絲綢之路基本文獻叢書）
ISBN 978-7-5010-7591-1

Ⅰ. ①粵… Ⅱ. ①王… Ⅲ. ①中國歷史－史料－明代
Ⅳ. ①K248.06

中國版本圖書館 CIP 數據核字（2022）第 087648 號

海上絲綢之路基本文獻叢書
粵劍編

撰　　者：〔明〕王臨亨
策　　劃：盛世博閱（北京）文化有限責任公司

封面設計：鞏榮彪
責任編輯：劉永海
責任印製：蘇　林

出版發行：文物出版社
社　　址：北京市東城區東直門内北小街 2 號樓
郵　　編：100007
網　　址：http://www.wenwu.com
經　　銷：新華書店
印　　刷：北京旺都印務有限公司
開　　本：787mm×1092mm　1/16
印　　張：12.125
版　　次：2022 年 7 月第 1 版
印　　次：2022 年 7 月第 1 次印刷
書　　號：ISBN 978-7-5010-7591-1
定　　價：90.00 圓

總緒

海上絲綢之路，一般意義上是指從秦漢至鴉片戰爭前中國與世界進行政治、經濟、文化交流的海上通道，主要分爲經由黄海、東海的海路最終抵達日本列島及朝鮮半島的東海航綫和以徐聞、合浦、廣州、泉州爲起點通往東南亞及印度洋地區的南海航綫。

在中國古代文獻中，最早、最詳細記載『海上絲綢之路』航綫的是東漢班固的《漢書·地理志》，詳細記載了西漢黄門譯長率領應募者入海『齎黄金雜繒而往』之事，書中所出現的地理記載與東南亞地區相關，并與實際的地理狀况基本相符。

東漢後，中國進入魏晋南北朝長達三百多年的分裂割據時期，絲路上的交往也走向低谷。這一時期的絲路交往，以法顯的西行最爲著名。法顯作爲從陸路西行到印度，再由海路回國的第一人，根據親身經歷所寫的《佛國記》（又稱《法顯傳》）一書，詳細介紹了古代中亞和印度、巴基斯坦、斯里蘭卡等地的歷史及風土人情，是瞭解和研究海陸絲綢之路的珍貴歷史資料。

隨着隋唐的統一，中國經濟重心的南移，中國與西方交通以海路爲主，海上絲綢之路進入大發展時期。廣州成爲唐朝最大的海外貿易中心，朝廷設立市舶司，專門管理海外貿易。唐代著名的地理學家賈耽（七三〇～八〇五年）的《皇華四達記》記載了從廣州通往阿拉伯地區的海上交通『廣州通夷道』，詳述了從廣州港出發，經越南、馬來半島、蘇門答臘半島至印度、錫蘭，直至波斯灣沿岸各國的航綫及沿途地區的方位、名稱、島礁、山川、民俗等。譯經大師義净西行求法，將沿途見聞寫成著作《大唐西域求法高僧傳》，詳細記載了海上絲綢之路的發展變化，是我們瞭解絲綢之路不可多得的第一手資料。

宋代的造船技術和航海技術顯著提高，指南針廣泛應用於航海，中國商船的遠航能力大大提升。北宋徐兢的《宣和奉使高麗圖經》詳細記述了船舶製造、海洋地理和往來航綫，是研究宋代海外交通史、中朝友好關係史、中朝經濟文化交流史的重要文獻。南宋趙汝適《諸蕃志》記載，南海有五十三個國家和地區與南宋通商貿易，形成了通往日本、高麗、東南亞、印度、波斯、阿拉伯等地的『海上絲綢之路』。宋代爲了加强商貿往來，於北宋神宗元豐三年（一〇八〇年）頒佈了中國歷史上第一部海洋貿易管理條例《廣州市舶條法》，并稱爲宋代貿易管理的制度範本。

元朝在經濟上採用重商主義政策，鼓勵海外貿易，中國與歐洲的聯繫與交往非常頻繁，其中馬可•波羅、伊本•白圖泰等歐洲旅行家來到中國，留下了大量的旅行記，記録元代海上絲綢之路的盛况。元代的汪大淵兩次出海，撰寫出《島夷志略》一書，記録了二百多個國名和地名，其中不少首次見於中國著録，涉及的地理範圍東至菲律賓群島，西至非洲。這些都反映了元朝時中西經濟文化交流的豐富内容。

明、清政府先後多次實施海禁政策，海上絲綢之路的貿易逐漸衰落。但是從明永樂三年至明宣德八年的二十八年裏，鄭和率船隊七下西洋，先後到達的國家多達三十多個，在進行經貿交流的同時，也極大地促進了中外文化的交流，這些都詳見於《西洋蕃國志》《星槎勝覽》《瀛涯勝覽》等典籍中。

關於海上絲綢之路的文獻記述，除上述官員、學者、求法或傳教高僧以及旅行者的著作外，自《漢書》之後，歷代正史大都列有《地理志》《四夷傳》《西域傳》《外國傳》《蠻夷傳》《屬國傳》等篇章，加上唐宋以來衆多的典制類文獻、地方史志文獻，集中反映了歷代王朝對於周邊部族、政權以及西方世界的認識，都是關於海上絲綢之路的原始史料性文獻。

海上絲綢之路概念的形成，經歷了一個演變的過程。十九世紀七十年代德國地理學家費迪南・馮・李希霍芬（Ferdinad Von Richthofen，一八三三～一九〇五），在其《中國：親身旅行和研究成果》第三卷中首次把輸出中國絲綢的東西陸路稱爲『絲綢之路』。有『歐洲漢學泰斗』之稱的法國漢學家沙畹（Édouard Chavannes，一八六五～一九一八），在其一九〇三年著作的《西突厥史料》中提出『絲路有海陸兩道』，蘊涵了海上絲綢之路最初提法。迄今發現最早正式提出『海上絲綢之路』一詞的是日本考古學家三杉隆敏，他在一九六七年出版《中國瓷器之旅：探索海上的絲綢之路》中首次使用『海上絲綢之路』一詞；一九七九年三杉隆敏又出版了《海上絲綢之路》一書，其立意和出發點局限在東西方之間的陶瓷貿易與交流史。

二十世紀八十年代以來，在海外交通史研究中，『海上絲綢之路』一詞逐漸成爲中外學術界廣泛接受的概念。根據姚楠等人研究，饒宗頤先生是華人中最早提出『海上絲綢之路』的人，他的《海道之絲路與昆侖舶》正式提出『海上絲路』的稱謂。選堂先生評價海上絲綢之路是外交、貿易和文化交流作用的通道。此後，大陸學者馮蔚然在一九七八年編寫的《航運史話》中，使用『海上絲綢之路』一詞，這是迄今學界查到的中國大陸最早使用『海上絲綢之路』的人，更多地限於航海活動領域的考察。一九八〇年北京大學陳炎教授提出『海上絲綢之路』研究，并於一九八一年發表《略論海上絲綢之路》一文。他對海上絲綢之路的理解超越以往，且帶有濃厚的愛國主義思想。陳炎教授之後，從事研究海上絲綢之路的學者越來越多，尤其沿海港口城市向聯合國申請海上絲綢之路非物質文化遺産活動，將海上絲綢之路研究推向新高潮。另外，國家把建設『絲綢之路經濟帶』和『二十一世紀海上絲綢之路』作爲對外發展方針，將這一學術課題提升爲國家願景的高度，使海上絲綢之路形成超越學術進入政經層面的熱潮。

與海上絲綢之路學的萬千氣象相對應，海上絲綢之路文獻的整理工作仍顯滯後，遠遠跟不上突飛猛進的研究進展。二〇一八年厦門大學、中山大學等單位聯合發起『海上絲綢之路文獻集成』專案，尚在醖釀當中。我們不揣淺陋，深入調查，廣泛搜集，將有關海上絲綢之路的原始史料文獻和研究文獻，分爲風俗物産、雜史筆記、海防海事、典章檔案等六個類别，彙編成《海上絲綢之路歷史文化叢書》，於二〇二〇年影印出版。此輯面市以來，深受各大圖書館及相關研究者好評。爲讓更多的讀者親近古籍文獻，我們遴選出前編中的菁華，彙編成《海上絲綢之路基本文獻叢書》，以單行本影印出版，以饗讀者，以期爲讀者展現出一幅幅中外經濟文化交流的精美畫卷，爲海上絲綢之路的研究提供歷史借鑒，爲『二十一世紀海上絲綢之路』倡議構想的實踐做好歷史的詮釋和注脚，從而達到『以史爲鑒』『古爲今用』的目的。

凡例

一、本編注重史料的珍稀性，從《海上絲綢之路歷史文化叢書》中遴選出菁華，擬出版百册單行本。

二、本編所選之文獻，其編纂的年代下限至一九四九年。

三、本編排序無嚴格定式，所選之文獻篇幅以二百餘頁爲宜，以便讀者閱讀使用。

四、本編所選文獻，每種前皆注明版本、著者。

五、本編文獻皆爲影印，原始文本掃描之後經過修復處理，仍存原式，少數文獻由於原始底本欠佳，略有模糊之處，不影響閱讀使用。

六、本編原始底本非一時一地之出版物，原書裝幀、開本多有不同，本書彙編之後，統一爲十六開右翻本。

目録

粵劍編

粤劍編

四卷

〔明〕王臨亨　撰

明刻本

粵劍編敘

萬曆辛丑余姪比部以之
奉命慮囚嶺南期年
事竣歸而解其橐出一
編曰此余在粵時所紀

也雖無陸賈千金裝庶
可當其百金劍矣因以
粵劍名編編凡四卷為類
者八曰古蹟曰名勝曰時
事曰土風曰物產曰秇術

曰外夷曰遊覽非目之所
覩跡之所歷与身之所接
者第紀志實也蓋萬里南
粤臚列如指掌讀之者
若挹名區於几席擧異

物於紳紛爛然應接不暇
而常恐其易盡以為心之
文人之雄非俗吏之陋乎
此求足以盡心之也余惟
漢初尉陀據南粵負固

稱王驕侮漢使箕踞不為
禮陸賈以數言誚讓之切
中其罪而稱其魄陀為懾
然起僥然服卒稽顙稱臣
奉漢約中國不煩一兵而

南粤晏然俾脱夷夏百萬之生靈於鋒鏑而衽席之至今讀其傳極偉其伐今觀是編若桑中貴於片言之間而擒珠盜六十餘人

之死於刹那之頃酌議紅
毛鬼別居一澳許之互市
以消中國無窮之釁而收
外夷不貲之利此兩者幾
与陸賈使粵功等是乃

所以為此之者也然賈利陀千金之裝歸授其子以為傳餐計玉藐藐於百金之劍亦可鄙矣此之獨於檣杆馳騖之餘爰書旁午之

隙峰南粵山川物產古今遺蹤逸事目全收之而腕旋出之彙為一編以見蕭然萬里之橐此其所得孰與陸劍多耶無何客有探

囊得是編者請付之剞劂以與海内好事者共余聞而從史之因歎曰賈之劍去久矣孰謂千秋而下有我出之者借以名其編是編

之劉藻櫺蕐方之賈所著新語不知何如而要以課綏者嘉其績披文者咀其英卧遊者攬其勝獵異者搜其奇其出而爲增價也

可知而買之劍不亦若愛

刪而新乎余蓋於是編之

出而感此劍之遺也

浮尊子王安鼎題

粤劍編卷之一

吳郡王臨亨止之甫

志古蹟

峽山據清遠之上游三十里二禺穹窿對峙東湞水而注之海故名峽山世傳黃帝二庶子長太禺次仲陽降居南海二子善音律採崐崘竹爲黃鐘之管與二臣曰初曰武俱隱峽中禺居峽南陽居峽北故山號曰二禺漢時海潮至此

經宿而反五羊又名中宿峽見東漢譚子相海嶠志余考南越志云秦時中宿縣有民至洛見一人寄書云吾家在中宿縣之觀亭亭廟前石間有懸藤君叩之自有應者歸者如其言果有人在水中出取書而沒似中宿之名不始於漢及考始興記與異苑載寄書事乃是晉時疑南越志誤也峽中洞巖泉石說者多傳以謬悠之詞似欲爲茲山增勝者然文敏驅居事未百年山中父老所目覩其他種種何至盡如齊諧諾臯所傳也因徵其事於山僧畧而識之

飛來殿梁普通中有二居士往舒州叩上元延祚寺貞俊禪師曰峽據清遠上流江山欝秀吾欲建一道場師居之否師許諾中夜風雨大作旦視佛殿金相已失所在師因至峽求之則已莊嚴此山中矣世傳二居士即禺陽二庶子所化也殿移時一角掛於梅關今爲雲封寺云

獅石梁時跋多羅法師至禺山見一老僧形容怪甚師問大德何來曰居此山中不知幾寒暑

矣因邀師過舍偕行數里忽轉林樾遂失僧所
在顧視宿莽中有怪石蹲踞狀若猨猊疑即此
石所化也
縹幡嶺在江之南與飛來寺所踞山對峙疑即
所謂南禺山也唐時哥舒晃叛廣朝廷遣師討
之師夢二神人語曰見幡即回及於此地平賊
果見幡掛嶺上乃悟爲峽山神助
釣鯉臺在寺西一大石從橫二丈許當山之翠

徼下俯江流古樹覆之如施幕然昔趙佗於此釣一金鯉魚重百斤以獻秦王故名

達磨石在釣鯉臺之上夾餘又其上爲葛洪石

○犀牛潭在寺西舊云崑崙國貢水犀牛金鎖繫項閘犀至此忽斷鎖入潭晉咸康間漁者於此獲金鎖索長尺餘故又名金鎖潭潭之上流爲放生池正値峽山寺之中又其上爲白泡潭在寺東矣捴之湞水下注自是一派好事者隨

地傳名耳
歸猿洞唐孫恪遊洛至魏王池有指旁院可僦
者恪款扉久之得戶隅以入見一女子絕艷庭
中摘萱草賦詩見恪驚避已而遣青衣延恪入
恪私叩氏族青衣曰袁山長官女擇對於此
耳頃之出見如禮青衣爲之除館而授室焉居
十餘年袁生二子恪謀仕復入長安謁王相國
縉俾依番禺帥慕摯家而南袁每遇崇山茂林

必爲延佇一日至峽山謂愔曰是間有僧曰慧
幽别數十載德臈倶高當飯衆以資南征之福
愔許諾袁遂詣老僧持碧玉環授之曰此院中
舊物也僧殊未解忽有野猿數十捫蘿悲嘯袁
愴然抱二子語愔曰好住好住吾從此逝矣遂
裂衣還故形追嘯者而去僧始悟曰昔爲沙彌
時豢一小猿高力士使南海經此喜其黠慧易
以金帛并求胡人所施碧玉環置之項間歸獻

於上每天使來多言其馴擾上陽宫安史之亂不知所在詎意作如許怪異㤼惘然自失携二子登舟不復南矣

定心泉在寺中昔賧多羅法師居此山廬寺無泉求之不獲忽一老人指石謂曰但定其心何患無泉師因禪坐乆之石間泉汩汩流泉出今寺僧引以爲庖湢之用

和光洞宋安昌期隱處昌期初爲永淳尉以事

去官遂不復仕日放浪山水間後至峽山謂寺僧曰久聞峽山有和光洞來此一遊遂往數日不返僧跡之莫知所在但見深山絶壁間一詩後題安昌期筆耳說者謂昌期仙去也

老人松在飛來殿之坤方大觀中五仙皇城使錢師愈北還艤舟寺岸從者執斧剮松明年殿直錢吉老過此夢一老人揖曰余居此山三百載矣曩公族不戒從者斧余膝下余血流潰迄

今尚爾公能一療治之否吉老叩其姓名居第則曰公當訪我於飛來殿之西南隅土扉蔀樓問即是矣覺而異之會冊師已解維去寺遠甚大爲悒悒因語所知彭球球方移官嶺外詣寺尋訪得一斧松於飛來殿側因命寺僧善護之

〇伏虎碑在寺右正德末峽有彪患霍文敏公韜入都門維冊山下聞虎白晝噬人無筭移文峽山神切責之因與神約三月內誅擊必盡不

然者告於上帝罰無赦立石寺中忽一日迅雷擊殺四虎餘俱走死溪源隨漲流出遂無虎患嘉靖中文敏卒僧仆其碑虎出噬人如故僧懼竪碑祭告之虎患復息已上俱峽山古蹟

廣城東六十里爲南海神祠門左有達奚司空立像按宋阮遵記云菩提達磨與二弟由天竺入中國達奚其季也經過廟欵謁王王留與共治達奚不可揖欲去俄死座間化爲神航海者

或遇風波呼司空輒有應云或曰司空本夷人入中國因植波羅樹不克歸立化於此故至今海神廟土人皆呼爲波羅廟又謂司空像本肉身也而泥傅其外未知真否

南海神廟中有銅鼓唐僖宗朝鄭續鎮番禺日高州太守林靄所獻初因鄉里小兒聞蛇鳴掘之得此鼓於蠻酋大塚中徑五尺餘高半之製作精巧遍體青綠的然出土物也正統中海賊

謀取之去纔舁至廟門忽鐵索斷絶更不能舉移賊懼乃止

官窰而下五里爲靈洲周圍里許高可四五丈浮出江心故又名小金山最上曰妙高臺蘇長公肖像其中其陰曰環翠亭長公手筆也長公謫昌化時過宿洲下忽悟前身是德雲和尚題詩曰靈峰山上寶陀院白髮東坡又到來前世德雲今我是依稀猶記妙高臺今有石刻在郭

璞謂南海之間有衣冠之氣即其地也其上别有一院奉景純像

浮丘在廣城西門外不能半里相傳爲浮丘丈人得道之地一統誌云宋初有陳崇藝者年百二十歲自言兒時見舟泊山根今四面篙痕宛然巳去海四里矣如誌所云浮丘本是一山然余數遊其地夷然平壤即求一拳石亦不可得豈滄桑數更山亦有頹敝耶此地本黄冠宫其

中近爲稅使所侵復嫌其湫隘買民間地以益之今亭榭修飭花木深秀水竹幽閒稱廣城勝地矣然稅使令嚴士人遊屐未敢窺外郛也潮陽有唐張許二公廟文信公所題沁園春詞即此地也余謂二公之死難烈矣顧雎陽去茲甚遠乃廟食於潮者何故客言宋時潮人有赴汴京者以歸途遼遠感而長嘆已就枕夢一神人謂曰若苦路遥耶吾挈汝歸旦日至矣因問

神何爲者神曰吾睢陽許太守也上帝命我廟食爾土爾爲里中言爲吾立廟吾有以福爾土也其人驚寤不覺身已在家矣即與邑父老立廟塑像而併祀張公邑中疾癘水旱禱靡不應歲久肸蠁稍息而祠宇亦就頽嘉靖戊午海寇亟攻潮陽潮陽令夢二公相勞苦謂勉力謹守吾兩人在保無虞也賊爲雲梯瞰城見有二丈夫甲冑而坐睥睨間者四面瞰之四面俱在懼

而解去縣此廟貌復新

潮之東門俯臨鱷溪一曰惡溪疑誤也鱷形四足而修尾似亦蛟龍之類唐時韓公愈以文遣之鱷患遂息至宋鱷復來噬人陳公堯佐督漁者網得之戮於市鱷至今不復爲患然則文德之雍容顧不勝斧鉞哉君子亦可以觀世矣或曰昌黎驅鱷實在潮陽此傳會也未知孰是

宋時羅浮道士鄧道立以廣城水俱鹹苦欲以

萬竿竹爲筒絡繹相接於二十里外蒲澗山引水入城以供民汲仍於循州置良田令歲課租五七千買竹萬竿作栰下廣州以備抽換時蘇長公在惠以道立指語廣守如法行之余謂此法殊拙不知何以得當於長公且余居廣城三月水亦在在可飲豈地脉有時變耶

竹葉符出羅浮山中昔劉眞人修煉此山嘗用殷中軍咄咄書作符以袪邪祟至今竹葉上皆

自然生篆文若符然人採以鎮宅可除百妖
冊竈丸葛稚川丹竈中土也相傳稚川煉丹時
火盛丹壓竈中今人取其土爲丸可以已疾
濂溪先生拙窩在金城山之半其地巖石偉怪
林樾蔽虧大有幽致其陽爲小湖一統志亦載
之今不能數畆恐百年之後皆化爲桑田矣
朝雲墓在豐湖之西山麓間按長公集朝雲瘞
棲禪寺松林中東南直大聖塔今寺與塔皆亡

之香魂藏一杯土猶然無恙豈所謂附驥尾而益彰者耶朝雲侍長公南遷涉關山蒙瘴癘苦辛共之千載而下名與墓俱不朽長公所以報朝雲者亦厚矣耆舊續聞云長公有妾曰朝雲榴花朝雲卒於嶺外惟榴花獨存按長公朝雲詩引云予家有數妾四五年相繼辭去獨朝雲隨余南遷似榴花未嘗從長公於嶺外者又長公丙子九月詩云狂風捲朝雲使我如孤月亦一徵也

白鶴峰在歸善縣之城北城即附山而立盖長公故居也上有長公祠及德有鄰堂思無邪齋

硃沼壘池其山於平地矗起下俯江流逶迤長林掩映四野大有勝槩而蕪穢不治有足慨者豈長公歲暮淪落身後猶爾耶余始遊豐湖問無長公祠欲捐二十金爲有司倡旣遊白鶴峰見祠宇頹廢知有司無可言者躑躅而止按長公集云居合江樓一年得歸善縣後隙地數畝父老云古白鶴觀也意欣然欲居之今縣治適當白鶴峯之南麓視宋時無改合江樓今郡西門之麗譙是也

豐湖在郡城之西今人呼爲西湖延袤數里東

以城爲儲胥而西南非三方皆重巒爲衛儼然武林苗裔也顧此中有司日鹿鹿案牘閒家其地者勝情亦鮮今十里湖山闇然無色昔蘇長公買豐湖爲放生池出御賜金錢築堤障水人亦號曰蘇堤今問之惠人亦竟不知何所矣疑欣樂驛一帶其故址也

韓昌黎祠一在城中一在韓山之麓廟貌弘敞修飭遠勝惠之白鶴余謂韓蘇二公其文章節

氣頗畧相當第韓公力學名儒而蘇公風流文雅差不同耳在潮則山曰韓山木曰韓木閣曰仰韓堂曰思韓潮人所以崇事昌黎者無所不至長公於惠僅白鶴一祠遂無一人奉祀数楹屋宇上見白日中受烈風而下與牛羊共之可嘆也

石室在端州城東北七八里與七星巖相近嶄然石骨亦與星巖類其上有小石屋數百間每

間有一石床光潔無纖塵要是群真窟宅也中一洞方廣可十餘丈石笋林立多似人形其傍一石竇故老相傳曩有一羽士修煉於此饘粥不繼竇中涓涓下米粒日可升許足供羽士食久之羽士化去其徒謂竇小所出有限更鑿之米絶不復生矣其竇至今猶在洞口一石儼具舟形土人呼爲番船中有一神主人間嗣續事最靈異祠旁一石祈子者以手摩之多驗石爲

之滑唐李郢詩云崧臺月照啼猿曙石室烟含古桂秋卽此地也崧臺在端城之東南

越王臺卽尉佗拜漢之地在廣城北門外數百步臺左有流花橋相傳佗嘗於此泛觴今皆廢僅存遺址耳

黃野人葛稚川弟子也稚川仙去留册於羅浮山柱石間野人得一粒服之遂爲地行仙宋時道士鄧道立嘗於庵前見其足跡長二尺許又有巡山啞虎不噬人蘇長公遊羅浮詩云雲溪

夜逢痻虎伏是也至今山中人聞亦嘗有遇野
人及啞虎者
五仙觀在會城之西南昔有五仙人騎五羊持
五穗至坡山遂化爲石後人因此立觀
東坡先生桂酒方刻石羅浮鐵橋之下余登羅
浮玉女峰道士指點鐵橋所在顧以險遠不能
至今石刻無榻本其方亦不傳按先生寓惠著
有酒經見先生集中豈卽此乎

韓山俗稱爲筆架山在潮城之東韓以人名筆架以形名也退之嘗植木其上潮人因號曰韓木

羅浮道士鄧守安於惠州東門外合江渡口作浮橋以鐵鎖石矴連四十舟爲之隨水漲落榜曰東新橋州西豐湖上有長橋屢作屢壞栖禪院僧希固築進兩崖爲飛閣九間榜曰西新橋東坡先生施犀帶潁濱先生史夫人出內賜金

錢以助厥工東坡先生有兩橋詩以紀之今東新橋之制無改於舊西新橋不過如常一石梁內築石堤以捍湖水而已似不若宋時之壯觀也

大庾嶺亦曰梅嶺曰塞嶺曰塞上曰臺嶺曰東嶠曰横浦關漢武帝元鼎五年越相呂嘉叛殺漢將韓千秋函封漢使節置塞上即此地也其明年漢遣樓舡將軍楊僕出豫章由横浦下湞

水擊嘉其裨將庾勝戍此故名庾嶺然余觀張文獻公祠記謂漢唐以來嶺路未闢入廣者皆取道樂昌連陽水陸紆僻不便行者文獻上議鑿嶺爲周行以通百粵乃知漢時用兵緣烏道趨利蓋偶一由之耳

雲封寺在梅嶺之巔其創建甚久而逼於地窄規模褊淺蘇長公有言嶺南有佳山水而無佳寺院誠哉是言也然余聞六祖曹溪剎宇甚盛

余駐韶一月而以病困不能一往念之憮然

志名勝

浴日亭在扶胥口海神廟之西孤峰突起大海當其前亦一大觀也坡翁有詩石刻其上

韶州而下三十里曰大囘龍山又二十里曰小囘龍山兩山皆石壁横臥江濆各長里許高可一二百尺大囘龍石紋作海潮起伏狀小囘龍則重重横疊磔樹生石隙中掩映斐然宛然陸

叔平得意筆也似更有致又百里得一山峭壁千尺橫半里許石紋皆作斧劈形巉端時有石乳下垂與山花野草交映波心視廻龍更覺雄奇可喜余問長年此山何名對曰舉目皆山此寧有名余曰噫世之類是山者多矣

山之隸南雄者大都紫泥所結不耐斧鑿盎土石之間耳至韶州而山始秀拔稜稜石骨若雲與霞蔚令人作殊異觀矣其最奇絕處山無論

大小秖是一石不黏湊合余上所紀三山皆然以爲甚異遂屬之楮潁後所見悉類是倦不復署筆矣其卓然有名稱者曰觀音山山在清溪英德之間江畔一峰插天其中半裂若巨靈欲擘而復寘者始緣石磴更躡雲梯數百級不覺窅然非舉火莫適措趾仰視石乳下垂頗類陽羨之張公洞然以地窄僅足當張公一班耳而有勝之者竇窮而得大士靖好事者架木巖端

搆之俯臨江流削立千尺天外諸峰環拱相向令人飄然有飛舉意不知身之半在空中也余以仲春九日辰刻過此巖時余猶未起枕席間第見石壁從窓隙中飛度問從者此非觀音山耶從者曰然亟起櫛髮一登恨微名桎梏不能箕踞浮白對名山一傾倒耳

金山踞潮城之北城亦附山而立怪石嵳峩喬木深秀登其巔南望則萬井鱗次可以全收一

郡之勝程江從西來遶山背東流入惡溪而南
達於海澄波浩渺近侵山趾遠不知其所注重
巒叠嶂環拱其外高下遠近畢獻其奇居然名
勝也上有濂溪先生祠及超然臺憑虛閣可以
覽眺余以六月九日遊此地主苦以優人溷之
未飽江山之勝云
通衢驛在老龍崗地甚平衍廬舍田疇相錯也
而實當萬山之脊踞廣惠潮三郡最高處第以

漸而升行人不覺耳東下六十里爲長樂縣泉俱從東流達潮州而入海西下五十里爲龍川縣泉俱從西流過惠州而入海余以五月初經此爾時積雨初霽萬壑皆泉聲洪者如震雷細者如蛙鼓怒而駛者如萬馬赴敵徐而行者如一鶴横江諸泉會歸處大小疾徐不一其響又如數部鼓吹引客子出山也上下山坂紆回曲折夾道多古木蔭之襍以新篁令人衣袂皆碧

時經阡陌新稻已吐花香拂人鼻矣陸行得此
亦大忘疲
程鄉而下百里爲蓬辣灘懸溜百尺澎湃喧豗
舟行最險道也宦遊者經此多從陸以避之其
地兩山夾程水而下汪逶迤屈曲具有幽致當
出七里瀨上
出潮之北關折而西是爲西湖湖之東附城城
倚湖爲濠其西則壽安嚴蓮花峰南巖若列障

焉諸山石理都不甚秀而具有嵳峩偉怪磊砢驚人之勢宋元以來人多就其削立處斧以爲碑記或標識勝蹟或列載詩歌或倣鴈塔以題名或陟龍宮而紀事無慮數十百至有榷民間錢以濬湖者一一紀之堤石前人好事如此

鳳凰臺在鱷溪下流當城之巽方蓋江中一洲也好事者搆傑閣以奉文昌神二水夾之宛在中央四山環拱以爲外護足供覽眺而尤宜於

月下觀余以六月望後一日遊此舉杯邀月長
嘯凌風身如在廣寒清虛府矣
會城五層樓在城之北山高聳傑壯無與爲比
登其杪可以全收一郡之勝有言會城地脉自
西北諸山來凝結於此蓋王氣所聚也故作高
樓鎮壓之城外一小山與此樓對峙不能里許
舊亦有崇搆志所稱越王臺是也余始至會城
問臺所在人言近已廢之余頗以爲怪柰何湮

此名蹟及登樓而知臺不可不廢也蓋此臺負郭而立登之足以俯瞰城中廢臺者有深意矣

○羅浮山在博羅縣之西北六十里周遭三百里高二十餘里志稱高三千六百丈恐未盡也其山半是宿莽半是灌木峰巒頗不甚秀不知何以名滿天下人言西樵山遠過羅浮余以未及一遊爲恨西樵在會城西南百里外

海珠寺在會城南門外海中形圓若珠宦遊者

以爲餞别之所故是煙雨樓之冢嫡而黄婆墩之鼻祖也
朱氏園在會城東北倚山爲之松竹交蔭花草爭妍馴禽飛舞於軒墀圖史高擁於左右曲徑閒亭高堂密室在在足娱心目葢幽居之最勝者也主人兄弟皆博士弟子毋以園爲贄而遊搢紳間余師大參晴翁不與交一日余問晴師曾遊朱氏園乎曰未也問何以不一遊晴師笑

而不答晴師之慎密如此

潮之廣濟橋西連潮城東接韓山中跨惡溪横亘二里許余嘗從月下觀儼然蒼龍臥玉波也倘推萬安冢嫡應屬之廣濟矣粤税之大者無過此橋舊屬制府用以克餉今爲税使有矣

七星巖在端城東北六七里大小七峰石骨矗立參差如斗故名山石白質而黑章森然如戈矛劒戟攢列羽林而中復嵌空玲瓏爲巖洞者

不下十數叠表裡悉稱奇秀云中一峰形如筆
架周廻可三里許在水中央水中遍栽蓮花其
西南更渺茫無際而南一洞從水竇入漸入漸
廣亦以漸高其峰乳下垂怪石怒起巉牙相錯
不可名狀水窮而躡石磴以上其石益奇巇中
供大士像下石承而上石覆奇巧奪目人工耶
鬼工耶令人恍然自失矣又上爲羽士房謂可
遁山北而未陟也渡水東北一山亦七星之一

旁有含珠洞最奇秀然非冬杪水枯不能入也余舟過洞口水離石尺許不可入僅呼青州一榼酹之而已其旁一小洞可登艤舟而上秀色亦可餐而飽也問之同遊謂是含珠之輿臺耳山巔巀嵲不可上好事者攀援陟之見有池三四處池中有魚見人不驚取之則隨手可得遊擊將軍劉繼寬目覩云然余聞浙中天柱江郎其巔俱有魚疑是傳會今觀星巖知彼中亦非妄

○湯泉去雷白三十里水從地噴出其熱如湯左方一泓更熱長公詩所謂僅可燖狐兎非虚語也水甚潔清惜無好事者築一浴室以惠游客耳

海潮消長以十五日爲期與月相應惟廉欽之潮消長以十四日爲期每月退二日理固有不可曉者瓊海之潮半月東流半月西流潮之大小隨長短星不係月之盛衰益可異矣

嶺南之山惟韶州最秀故盧居士駐錫焉其次端州亦有一二差堪頡頏然而土堆草壤亦既多矣其在惠潮者遠觀秀色政爾藹然顧石理頑甚如市廛女子亦復淡粧濃抹而肌體粗率舉止木彊狎視者寧不掩口惠潮山石其最粗頑者莫如羅浮然余觀白樂天載牛僧孺所致天下奇石以太湖爲甲羅浮次之李贊皇平泉莊石品羅浮亦居高等豈山靈縕奇閟秀不輕

示我耶既而思之羅浮爲嶺南名山第一當時遊宦嶺南者有意阿政府覓佳石以獻則假借羅浮以爲重耳二公所得或是韶石必非羅浮産也

粤劍編卷之一

粤劍編卷之二

吳郡王臨亨止之甫

志時事

初中貴之入粤榷稅也當事者慮其騷擾願加派田丁以充稅其策甚善顧多寡持議夐絶久而不决時大參徐公榜爭之尤力中貴怒甚且攝徐公曰旦日獨與公决之徐公曰榜願得以不腆六尺獨當一面徐公出謂其吏士曰旦日

飽飯人持一白揞至隨吾鳴鏑所指而從事不
用命者宛吾杖下是時中貴使人伺公微聞之
矣念不往以我爲怯往則壁間着阿堵物可畏
也次且久之乃持酒榼數器詣徐公所笑謂徐
公昨議事良苦願以一樽解煩徐公曰榜昨與
公舌戰耳何言苦辛今願進乎舌矣中貴囁嚅
良久酌酒爲徐公壽徐公亦遂解嚴懽飲竟日
不敢一言及税也時憲副章公邦翰亦羽翼徐

公而持中貴一日中貴與章公議不合嗔目謂章公曰公抗老閹易耳不憂夜半下一紙書足籍公家耶章公曰翰素食貧籍吾家何慮慮偕我而籍者其金如山耳意蓋指中貴也中貴嘿不自得而去

閩商黃敬市段疋數百將鬻之廣州廣有宦遊北方者使其僕來聰亞八歸家適與黃敬同舟三人相得甚驩敬行至南安病甚不能度嶺敬

謂來聰亞八曰公等先行幸持我叚疋至廣城付之其人家令其先發賣吾病愈即南下矣來聰亞八許諾行至中途兩人爲盜所殺盜以爲叚客已死即持所獲以市於廣城黃敬病痊赴廣詢來聰亞八猶未歸政徬徨間忽入市見有鬻敬叚疋者記號宛然執鳴之官乃殺人賊也一訊即伏

有孀婦與子同居者一無賴貸之金久而不償

孀婦向其家索負而令其子守家子僅數歲耳無賴謬謂孀婦曰家貧不能償負願得他假以踐夙約盍少待孀婦許諾無賴即馳至婦家謂其子曰汝母在吾家欲往探親令汝取床頭首飾匣來其子信之持匣與無賴偕行中途熱甚謂其子曰溪流潔清可滌煩也遂偕浴於溪中誘其子抵中流推而溺之無賴密藏其匣佯爲無從稱貸者於邑以歸謝孀婦去婦歸索其子

不得哀號者竟夕明旦其子從外來謂無賴詒我共浴而溺我水中若有物扶吾背者泅而流十餘里始傍岸得救孀婦鳴之官無賴謂其子已死猶挺然强辨及見此兒即便頓首

吾於潮得人命二事而有感於人之幸不幸也一人曰黃宗靜盜屢竊其園蔬夜持梃伺盜有江二者偶過其地宗靜以爲盜也大呼逐之江二殊出意外惶遽而走宗靜追及梃擊其顱腦

裂而死有司謂宗静以逐賊誤殺平民法應收贖讞於余余謂宗静因被盜而覔盜因覔盜而遇似盜者逞於一擊有以也誤殺是矣又有陳玉者族之刺賊陳阿不竊之玉覺而追阿不及於中途杖擊之折肋而倒引火照賊乃族人也玉深以爲悔扶之歸贈以湯藥賫之何阿不死復爲之收殮如禮阿不之翁鳴之官司讞者謂阿不縱來行竊已離盜所無擅殺之理擅殺者

應抵今擬抵矣余謂二人皆逐賊也一人殺平民而收贖一人殺真賊而抵償孰謂三尺有定乎余深憫王之情將爲請命於　上而未知得請否也讞畢無事獨坐春臺感而記之

粵東開採使亦中貴也稍著賢聲開礦之所委官督之七分予民三分進　御累不及有司其採珠也盜池者亦不深詰余一日偶過其邸中貴出珠百顆示余爲余言此爲值幾何此爲值

幾何余曰足下奉　上命採珠豈奉　上命鬻珠耶中貴笑曰此不佞所爲忠於　主上者也茫茫大海海澨之民習窺池以覓利吾既不能以一切之法議其後而不昂其值以鬻之民間此絫絫欲吐光者行且入金張之室矣何能爲一人有余曰善

開採使下令民間曰有能造巨艦募夫役而從吾遊者我與之共合浦之利一時豪民造船應

募者百數中使多之汰其大半其不得收者相
與謀曰吾竭貲畢力以應募而使者弗收吾船
安所用之皆集亡命泛海而去不知所之今春
有倭船百餘橫掠閩廣人頗歸咎使者云
興寧有姦夫姦婦謀殺親夫者夜半移屍棄於
仇家之塘中里人葉大者道遇之畏事不敢發
明日姦婦指告仇家以爲殺其夫也而無證獄
久不决興寧莊尹鞫而疑之是夕夢一神人引

一戴草笠而着木屐者至前謂尹曰尹欲决疑獄耶詢此人卽得矣覺而思之豈有里隣中姓葉者知情乎旦日執葉大至一訊卽得

興寧郭氏女小字壽娘及笄未嫁鄰人羅萬祥者矙壽娘父母他出踰墻而摟之壽娘力掙不能脫怒罵萬祥聲徹於外得鄰媪至萬祥解去父歸壽娘以情泣訴父故孱人也而貪萬祥因納賂焉父且止壽娘聞之嘆曰兒所爲亮人僇

辱者至矣而吾父以賄息也是兒可以賄辱也從容入房絞頸而死有司聞之逮萬祥至論斬顧壽娘一杯土十餘年猶寂寂也余閱萬祥牒爲署其尾曰郭壽娘可謂烈女矣始則奮力怒罵以拒兇徒旣而慷慨自裁以媿貪父爲兇徒死遠過斷臂之風爲貪父死不忝靡笄之義貞烈如此而不爲表揚亦司世教者之責也不佞未能越樽俎而代之耳

嶺南稅事從來有之凡舟車所經貿易所萃靡不有稅大者屬公室如橋稅沓稅是也小者屬私家如各埠各墟是也各埠各墟屬之宦家則春元退舍屬之春元則監生生員退舍亦有小墟遠於貴顯者卽生員可攘而有之近聞當道者行部過一村落見有設公座陳刑具儼然南面而抽稅者問爲何如人則生員之父也當道一笑而去

鄭子用潘世興故群盜也而散久矣子用挾妻女買一舟往來廣惠間行刦一日遇世興世興窺其舟中有物詒子用艤泊舟僻所而潜約鄭仕全等五六輩殺子用夫婦瓜分其金一女年七歲群盜欲投之江以滅口仕全固請活之世興遂携入惠城賣之民間其家徵此女所從來狀此女一一道之聞於有司捕群盜寘之理悉瘐死獄中矣獨仕全猶在讞於余余曰嗟夫異

哉天巧若是耶天厭子全之惡假手群盜而殺之天厭群盜之惡復假尸此女而殺之報施巳一毫不爽矣然此女之命實繇仕全以生今仕全亦後群盜而死夫以殺人之盜苟有一念之善天亦有以報之若衡錙銖而析毫毛也積德累行者尚三復於斯

巳亥春有一倭船飄入潮境而船壞倭六十餘鼓譟登陸千兵許旭中謁總戎請曰事急矣旭

中願以三寸舌說之不濟願以六尺殉即免胄
而見倭曰若屬非有入寇形此來者豈見厄於
風伯耶衆曰然旭中曰若屬室劍吾爲請於主
者當具舟相送愼勿驚吾土自取誅滅爲也衆
皆頓首謝旭中請於總戎而許之遂往報倭倭
留旭中爲質而索舟總戎與監司議以舟送倭
不可　上聞不若以一旅殲之遂發兵往倭聞
之以旭中爲賣已磔旭中而來鬬卒皆就擒總

戎駐師閩廣間受兩地開府節制因獻馘閩中視廣差少閩開府望之不與叙功廣自是亦不敢言千兵之死竟爾泯泯余聞而悲之爲紀其事以俟後之傳死難者

庚子漳潮間地震因有物自海中來如火毬土人呼爲海流每夜間飛入人家着婦人身即昏仆有至死者每日暮家擊金鼓男子持桃柳枝以待遇有火光飛入亂撲之其火盡碎散墜地

良久乃滅程鄉之間其物着六畜亦有死者余聞潮之父老言嘉靖丁巳漳潮地震後有人傳一札至不知何自來謂大災之後鬼物奔騰附火而行號曰馬精至必有大殃已而果有燐火夜見飛入人家或化人形或爲狐犬之狀侵及婦女輙死人謂即黒青也云何倭難大作桴鼓之聲數十年不息今是物再至爲妖亂象固已兆矣桑土衣袽是在文武吏士哉是在文武吏

士哉

南澳在潮漳間大海中故曾一本輩賊巢也近設漳潮副摠戎駐師於此巢爲我有賊之棲托鮮矣其地山中獸多猿鹿鱗多蚺蛇而無鳥雀黄將軍崗從内地捕鳥雀渡海縱之大可稱好事

冶葛一名胡蔓草食之殺人隨地有之粤俗輕生與人爭不勝每服此圖賴人死訟之於官多

有因而抵償者即不然官且斷給葬埋死者之家亦利人死而不悔長樂張叔弢賢尹也下令民間凡服毒圖賴者其仇釋不問主者之家有父兄則以故殺子孫罪之有子弟則以弑逆罪之仍欲拔除其根苗令民間以事投牒者每一牒納毒草三斤官始收其牒犯笞杖者每一十納毒草五斤以贖積而焚之行之二年縣治數里内已絶此種矣余謂當事者應倣此令遍行

粤地此種或可絶也按稽含草木狀云冶葛以蕹汁滴其苗卽萎死魏武能噉冶葛至一尺云先食蕹故也今粤中不聞蕹作何狀

有言於稅使者曰廉池産珠雷池亦産珠今採使所有事者廉池耳公何不募民網之雷池以獻足奪採使權稅使忻然從之海上射利之徒雲起而應募矣採之逾月不得一珠稅使下令罷之其徒無從漁利則潛往廉池盜珠官兵追而擒之事聞採使欲以此傾稅使也措

爲大盜橫刼海上者具疏　上聞事下鞫治所
捕械六十餘人悉論死無一脫者余將讞獄高
凉令按君李公餞余會城酒半屬余曰高凉有
寃獄公往釋之余曰公知其寃矣何不先釋之
而以待不佞李公曰是獄也蓋採使所爲　上
請者也吾欲釋之聞於採使而採使不肯釋也
吾悔之甚公往慎無聞採使而竟釋之可以得
志余曰諾比至高凉閱諸繫囚已瘐死二十人

矣余私念之心知其寃而壓於採使寘之弗釋
非　上所以遣我之意竟釋之採使必怒怒必
以蜚語中我而再上疏矣是諸璫因之命未生
而我且以一官殉也不若請之採使一日謂採
使曰聞公好積陰德樂施與公時命駕丐者塞
途而公悉飽其欲也有之乎採使謝有之恨未
遍也余曰聞有丐嫗貌類太夫人公歲給廩餼
以贍此嫗也有之乎採使曰此鄙人孝思所寄

也公奚稱焉余曰今天下苦礦稅極矣公蒞粤
而民若安瀾公之爲德不淺而又時行小惠以
輔之公異日者生天之福寧有旣耶雖然僕願
公更進之近公擒治大盜或以爲未實僕知公
非輕殺人者其爲真盜無疑獨惜諸囚未有贓
證耳無贓證竊恐諸囚死而心不死也僕謂不
若以盜珠之罪罪之夫一二溝壑之脣公尚欲
生之而况四十餘命公忍死之耶採使曰唯唯

惟公釋之余遂爲之請命於　上
嶺南瘴癘唐宋以來皆爲遷人所居至宋之季
賢士大夫投竄玆土者更未易指數然宋季待
賢士如仇待遷人如囚雖曰安置去囹圄不遠
范祖禹一代名儒其卒於化州也煢煢旅櫬其
子請歸葬而不可得趙鼎中興賢相貶吉陽軍
時賊檜令本軍月報存亡吏人逼脅卒以不食
死彼二蘇僦居官舍爲有司所逐又其小小者

矣如此待士祚安得長我　國家遷客亦多處
此而近時尤夥謫降者於地方本無事事歸臥
而需後　命理亦宜然至戍遣者亦用遷客例
遣牌馳驛儼然以原官自處而當事者不問也
國家法網恢弘視趙宋何如哉曆數綿延當以
海籌壽量之矣
韶州清遠二城女墻之上盡施瓦房以便守埤
者天下有事此曹厯不苦風雨哉余以爲天下

城垣當要害處悉應如此然一朝創造每歲修葺爲費不訾固難言之矣

天下郡城必其邑而治惟惠州歸善各自一城

志土風

粤俗賀壽不賀齊年而賀齊年之後一年其說曰十者數之終故不賀一者數之始故賀似理勝可從

百粤之民喜於爲盜見利如羶殺人如飴其天

性也余閱獄牒中有僅以數鐶而謀殺人者有以斗粟而行刼者至於擄人勒贖尤是常事或禁之船中或圄之地窖或幽之密室意其能識認者則蒙其首而去公然揭示於通衢而索之金錢飽其意則人可生還稍不滿意多有財命俱喪者或擄人家女子則群盜聚而姦之贖不滿意竟售之他鄉去矣又有刼人屍棺而勒贖者其事尤可怪

廣城多砌蠔殼爲墻垣園亭間用之亦頗雅

蟋蟀三月間已滿砌長鳴矣廣城人至六七月間亦多取以鬭戲賭金錢

南雄山多田少而民頗力業山中婦人跣足而肩柴入市者趾相錯也訊其男子則皆擔客裝度嶺去矣余閲南雄守所送須知冊其孤老食廩餼者僅僅數人耳噫孰謂務本力作不足免饑寒哉

余初入粤問其鄉歲事云高雷之間歲三熟惠潮之間歲二熟余怪其穫多税薄且　國家北邊曾不得其升斗之用何以不污邪滿篝也及行部從田間走始知粤農之不講於農也殊甚初以牛耕下種後悉聽之於天農夫秖問刈穫已耳如此歲收安得不薄也惜不驅吾鄉終歲勤動之民以治粤田必有可觀者或云潮之粟多以食閩人廣之粟澳夷十餘萬皆仰給焉故

不見羸
高雷之間內地不通舟楫米穀最賤馬豕之屬
日食粥糜雞豚魚蝦雖山谷間數家之聚亦在
在皆有樵山牧野隨地可致衣食然一見微利
刲殺隨之乃至甘心死法而不悔故曰粵人之
喜於爲盜其天性也
粵人多染瘋疾而雷陽爲甚其始發也指爪間
即不知痛癢以爲病候女子患此即謬爲私奔

與迷失道狀用以挑男子一交感後其疾頓移
之男子矣俗呼爲過瘋㬋之患瘋者男子什七
八女子什二三以此
猺民處深山之中居無棟宇以芒爲命芒似芋
遍山種之食一山盡復往一山與兆虜之逐水
草駐牧者相類其啚邇正朔之地者踐更之役
稍稍與漢人等有力者從藩司納銀若干給劄
爲猺官諸猺聽其約束然亦僅能羈縻其下而

已不能用漢法也

蜑民以船爲家以漁爲業沿海一帶皆有之聚而爲盜則横劫海面亦多爲大盜所劫自相婚配與猺民同

潮之金城山上有三石土人呼爲石公石母無子者禱之輒應

日中爲市北人謂之集粤人謂之趁墟柳子厚詩云綠荷包飯趁墟人是也一月之中爲市九

日其豪右因以抽稅今稅已屬公家公家所得者百一耳嘗聞有一小壚歲收可得百金僅納銀八錢其大者可推矣

粵中時候最早桃李之屬皆以冬杪發花惟菊花獨遲至仲冬始放應是陽和早回故群芳先春而吐炎蒸難散故金英後秋而開也

余以正月二十五日過廬陵時桃李方吐萼五日後抵南雄枝頭桃實大已如荳矣誌稱庾嶺

梅花南枝先放夫豈欺我、

高州地最涼故古名高涼高涼東北連端州西南接雷陽端雷地俱毒熱而雷陽尤甚不知高界其中何以獨涼天時地氣有不可解者

端州深山中婦人悉裸體浴溪中見人僅掩其乳了不爲異不知者見而哂之則詬詈相隨矣大抵皆猺民也

舊傳粤人善蠱今遍問諸郡皆無之云此風盛

於粤西然解之亦甚易中蠱者搗生蜆汁飲之
即無患矣未知果否
諺云十月小陽春家家有病人南贛之間尤甚
三歳必盛行一遍范石湖虞衡志云春曰青草
瘴夏月黄梅瘴六七月曰新禾瘴九十月曰黄
茅瘴土人以黄茅瘴爲尤毒即此是已
粤中立社多寘一石以爲神之所棲或依巨木
奉祀亦必立石不塑神像宛然有古人風焉不

謂夷方見之

志稱粤俗尚鬼神好淫祀病不服藥惟巫是信

因詢所奉何神謂人有疾病惟禱於大士及祀

城隍以祈福行旅乞安則禱於漢壽亭侯如此

安得爲淫以上二事賢於吾鄉遠甚

真武非方之神也嶺南甚尊事之四月十五日

人自爲黨各出金錢市花幣果酒之屬以獻至

有進蟒衣而焚之者先二三日滿城已鼓吹不

絶矣

廣城人設醮必用素馨花結成龍鳳等形以當芻狗花偶艱得不難數十金市之廣城富饒乃爾他郡不能也

蒼葉産自粵西粵東人遍用之襍茶烹飲呼爲茶蒼始入口味苦甚下嚥則齒頰間覺微甘然終非佳品也

寄酒産自粵西採寄生釀之色純白而味清旨

然多以燒酒羼入令人不能豪飲粵東供貴客多用之民間所用土酒到處不佳而高凉尤惡稍可入口者遏衢酒耳大都茶酒二味粵人全不解美惡

慢帶蛇長五六尺粵人取以供膳云能辟瘴去瘋此猶可言也田中有一種小蟲名曰禾蟲樹中之蠹大如指而色白者皆以油炒食之舊傳粵人喜食蜜唧此去蜜唧何遠

穗城人富而俗侈設席宴客日費二三十金常有蕩子以千金買一頑童者雖希有之事其奢淫亦可槩見矣閭巷小民新歲所放火爆有大至合抱長四五尺者每一火爆價值一金之外噫何其侈靡而無益也近者中貴廣畜虎狼四出噬人獨會城被害尤酷要是天厭之耳

婚禮重檳榔以貧富爲多寡客至必以爲供食檳榔裹以蔞葉襍蠔灰啖之或用孩兒茶同食

○沿海多颶風而無霜雪南韶之間稍有飛雪糁糁如楊花飄墜耳不能殺草也

嶺東人生子多過繼與大樹名之曰木生猶吾鄉之過繼與神佛也

粤劍編卷之二

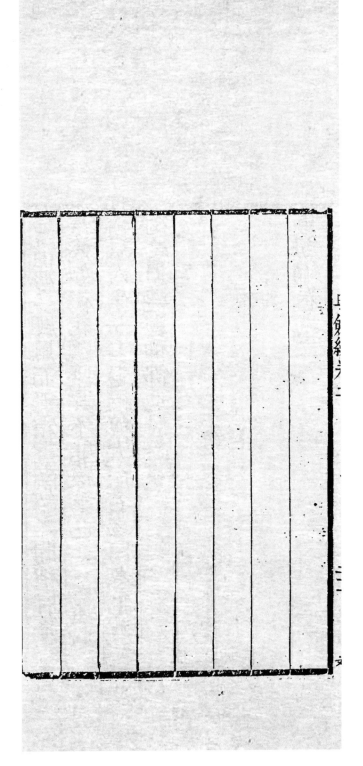

粤劍編卷之三

吳郡王臨亨止之甫

志物産

椰子樹葉如鳳尾結實樹端肉附殼而生厚三四分色純白味微甘稍帶乳氣肉之中有汁即所稱椰酒也汁之中復産一物乃其萌蘖處亦可食椰子昔人呼爲越王頭舊傳林邑王與越王有怨遣俠客刺得其首懸之於樹俄化爲椰子林邑王憤之命剖以爲飲器南人至今效之當刺時越王大醉故其漿猶如酒云

桄榔木與檳櫚相類挺然拔起別無傍枝蓋僅離草本耳與木尚隔一塵子在枝頭下垂可三四尺狀如纓絡復類美髯云按嵇含草木狀云皮中有屑如麪食之與常麪無異今不聞

葵樹絕類檳櫚廣人取其葉以爲扇今天下通用之

檳榔樹類椰子高雷之間有之然二種多結子而不實不能如瓊産也以上四種大略相類皆

高五六丈下本不大上枝不小亭亭直立森秀無柯南方佳產也

木棉花二月中開樹高四五丈花類山茶而瓣尖大者如碗其不及山茶者着花時無葉耳花落後枝頭另生一物即攀枝花吾鄉所用爲褥者也

凡樹枝頭多有寄生寄生托根樹枝不類吾鄉緜蘿之屬猶從地起引蔓而長也寄生日滋月

茂蟠結樹身樹爲之敝而寄生竟亦即直爲樹矣吾鄉蘧蒢施戚之徒托富貴之交而居門下巳而竊其勢盜其財以自膏腴遂從而欺壓之其富貴者反頫首聽命而不爲怪也噫吾鄉因有此輩是以無寄生按桂海虞衡志云榕易生之木禽鳥啣其子寄生他木上便蔚茂根下至地得土氣久則過其所寄以余所見寄生枝葉絕類榕樹始信虞衡志所載不謬

鷹爪蘭草本葉類薝蔔春間發花其香似蘭

伯王樹嶺東最多路頭花嶺西最多伯王刺在幹而路頭刺在葉鄉人多樹之以爲儲胥伯王之幹大類山藥而色青翠即新發者亦然無細枝葉如楊梅冬脫春生路頭花色白而大香味酷烈以一葉着髻中香彌月不散粤人甚重之然大雅不取

芹菜絶肥嫩長可五六尺

人面子樹似含桃實似梅而差小味酸澁不堪

食以窖漬之始可食其仁類榛仁之瘦者甘美鬆脆畧似楊梅仁遠出榛杏仁之上

棉花經冬不彫有大可拱把者二月初已放花矣此種原是木本其字從木不從草良有以也然其地亦不甚植之多從楚中度嶺而來有不可曉者

豆蔻莖葉如薏苡花絛絛然綴於頂色白微紅暈之中一瓣正黃亦可觀

赬桐花俗呼爲百日紅莖葉絶似吾鄉臭梧桐花亦略似第花連枝萼皆深紅耳夏秋之間盛開不止百日

夜合花似茶花而大倍之微香

波羅蜜樹産於瓊州嘗於高州見之其實無花而生大如斗味甘而㤓不堪食八月間熟余嘗食其蜜漬者亦不佳廣之南海神廟前今有一株葢百餘年物也舊傳梁時達奚司空手植恐

非其故矣土人云其實僅大如拳葢由風土更變故耳

錦堂春一名長春花有紅白粉紅三種其紅者又名大册花每叢可百餘朶參差吐蕚一叢可開經月夏秋間甚盛朱顏難萎綠葉常春亦粵中名花也

荔枝近水則生尤喜潮汐湍激之地故鄉人多植之其種類不同味亦懸絶嘗以最佳者問閩

人閩人弗取也由閩產更有一種香味耳然其熟候蚤於閩中月餘廣城立夏已食荔枝矣圓眼在在可植城中夾道而實纍纍者皆圓眼也以潮產爲最李先輩爲余言潮之圓眼可敵楓亭驛荔枝一富民之家其種尤美有宦於潮者索之其家恐需求無已逕不應命富民以此受責恨而伐之其種遂絕今民間列植者皆凡種也亦遠過他產八九月間荔枝已盡圓眼始

熟故舊呼爲荔枝奴
橘子産自端之四會伯仲八閩而子姓三衢衢閩橘皆善潰廣橘則否五月間猶可食一種蜜羅柑大如碗甚佳不易得
椹樹不甚高大遍山谷間皆有之四月已放花六月猶開纔吐萼白色淺紅微暈開時色正白久之色紅絶類桃花而心瓣俱整甚結實大如指味甘人採食之或摘以釀酒謂之椹酒

無花菓葉類胡桃其實可食亦可用以代茶李司徒與余遊壽安寺指以示余余第見其樹未見其實也

菩提果形類花紅色青黄味微甘香而肉薄中藏大核不甚適口

蕉有三種一種心中抽條條端發花花葉數層日折一兩葉色正紅經冬不歇謂之觀音蕉一種八月間實熟實大如拇指食之軟爛如芋味

甘而性冷粤人每以啖小兒長公詩所謂蠻菓粲蕉荔者是也一種皮中縷縷如蔴織以爲布絶類葛之麤者謂之蕉布性不耐久三種各别余觀稽含南方草木狀混而爲一似未嘗目擊者

藤菜卽吾鄉紫草粤人成畦種之以食東坡詩豐湖有藤菜似可敵蓴羹是也

蕨菜狀如丘蚓之盤結者紫緑色味不甚美

○樹蘭枝葉大類桂七月着花花黃而瑣碎亦頗類桂香濃於蘭而淡於桂謂之桂弟可也

榕樹斬其枝揷地未有不生者枝間多毿毿垂根而下如鬖髿得雨即長無雨亦竟不枯其易生以此衙舍及道旁多列植之以取蔭余於長樂署中見一本大可十餘抱張令叔璞爲余言此木頗有神即孫枝未易斧斤也然嶺南大木亦多有神蓋土人多依巨材立社肸蠁攸萃耳

○何首烏以羅浮爲第一客有言其不佳者余游羅浮徵何首烏狀黃冠摘一枝以進乃大謬不然花如牽牛而色粉紅葉如鴨脚而色緑去何首烏遠矣卽羅浮所稱麥門冬枝葉與竹無異特短小僅數寸耳今人拔視其根宛然麥門冬也不知誰爲道地

蘇長公題橄欖詩云待得微甘迴齒頰已輸崖蜜十分甜吾鄉誦此詩皆笑長公不韻第不知

吾鄉所食者閩産耳此中橄欖五月巳有之堅靭酸澁絶不適口長公此詩猶爲嶺南橄欖增價也又有一種烏欖味更惡或以爲豉亦不佳

○柚花香味酷烈其實有一種作桃花色者色既可愛味復甘美白者亦可食五六月間尚有之七月間粤人復食新柚矣

多羅樹實稍似銀杏纍纍然生樹身覩其枝頭無有也故是凡材結實亦頗異

蘋婆與北產絕不類樹最高大所結實其外色緋遥掛枝頭儼然五瓣花也摘食之味類栗又有一種名水浪者與蘋婆相似葉與實較小耳

○散沫花一名指甲花擣其葉以染指甲一夕成緋故名花瑣碎黄白色似樹蘭香類桂而清幽過之着鬠中香氣彌日不歇五六月開

水松栢狀貌半類松半類栢其木多生水涘供爨則無焰爲器則速朽不材之木也

槿花紫白二色與吾鄉相同又有鮮紅金紅粉紅黃四色枝似槿而柔葉似槿而淺即佛桑也粵人呼鮮紅者爲朱槿

香圓形與吾鄉者相類皮作佛手柑香而味稍辛附皮之肉寸許味與佛手柑無異而甜嫩更勝連皮肉食之殊覺甘香粵人食必去皮可謂無風韻矣以檳榔之澁苦瓜之苦葛根之臭惡粵人甘之若飴而獨寘香圓皮不食何也此種疑即

草本狀所稱鉤緣子

扶留藤即蒟醬也一名蓽茇俗呼爲蔞蔓生莖葉頗類刀荳粵人採其葉襍檳榔食之味辛甚

〇土爪大者逾拱色白味類蘿蔔而甘脆遠勝之廣城席間多用以侑酒葛根味殊惡劣與土爪同食若此中人别具一口者

芋有一種可生啖者嘗於潮之壽安寺見之

茉莉有黄者有重瓣者有藤本者有藤本者有蔓生

本大可拱把花最繁

蘭種不一以丫蘭爲首其次曰公孫碧曰出架白曰金枝玉葉若青蘭紫蘭大紅蓮之屬皆下品也丫蘭每一幹其上復生旁枝開花甚茂出架白花透出葉上公孫碧每幹分爲二岐一長一短故名

素馨花色白形類睡香花其香味在茉莉睡香之間

暹蘭花與枝葉俱類樹蘭而俱細小香味更清
遠四季開花不絕此種疑從暹羅來故以暹名
耳
正月晦日在南贛軍門署中見庭中桂花二株
盛開芳馥襲鼻吾鄉即有四季桂花好事者植
之亦那得如此
吉水廬陵之間桃花多白余以正月廿七過吉
水爾時桃政開一村塢負山抱江居民栽桃繁

甚不下千株更無一紅者吾鄉半醉玉貞此則淡粧西子不知誰勝

臨江吉安而南已鮮美竹民間多栽慈竹以爲儲胥而已嶺南村落間亦復如是然竹種頗大至逾於拱有一種踈節而修幹者亦大類慈第勻適成林不類慈之叢生也此種爲最有一種鈎棘屈曲者其本亦大絶無清致卽令吾家子猷見之亦當掉臂

桃絲竹一云桃板竹高者不過四五尺大者不過如指好事者襍植之花堦以供玩盆椶竹之雲仍也椶竹與湘妃諸竹皆產自粵西粵東不可得

笋有春間發者味苦甚不堪食六七月間乃有巨笋入市味僅不苦遠輸吾鄉之甘美也客有謂廣中食品秪具形質無一佳者誠然誠然

荳蔲縮砂殼俱可食粵人取其嫩者蜜漬之味

亦辛香

山雀修尾冊喙翠衿紅掌粤鳥之最俊者冠髻雀頂有羽如髻音容俱似白頭翁好群飛

○鶊䳭形如鷄味亦如之羽毛微有文彩而尾短其聲亦頗類鷄第音節殊促不堪聽乃爲騷人遷客吟咏不輟者何幸也

孔雀生嶺西山中有獲而馴之者亦能伏卵而化余於朱氏園見之

白鷴雌雄大異吾鄉所畫皆雄像也雌者遍體灰黄色

水鷄形如鷄黑羽朱頂鷄鴨頗畏其喙嘗遠避之鄉人晒穀者多畜之以驅鷄鴨青鷄翠羽朱頂稍大於水鷄二物皆野禽也多有馴者

象産安南廉之欽州與安南界亦多象人熊嗜人目睛深山中有之

鰣魚近海江中皆有之絶無味緣江中皆沙土

瘠薄故也人亦不重

嘉魚獨産端州江中九十月間有之粤人以爲名味

鱟形如箕醜甚行必雌雄相附雄常在上雌常在下漁者舉網每每兩得之味如蟹

沙螺即西施舌沿海俱有之味亦平平聞肥者亦美吾所食殊瘠薄無味

蚺蛇巨頭方口遍體綠色不噬人而性喜淫見

婦人必來逐識其性者隨解一中衣與之彼卽戀戀此衣不復逐人矣腹中有二膽其一如常其一則護身膽也人有見而擊之者此膽隨所擊處以爲內護必不能傷惟取一葛繩技之彼卽伏不敢動旋以葛繩繫其頸而牽之瀕首就戮矣物性固有相制如此者總戎黃君爲余言嘗至南澳見一蚺蛇盤踞水次視之有角以爲龍也逼而視之蛇乃吞鹿鹿角出其腹外耳余

憶襍識中有蚺蛇呑鹿角自腹腸而出者以爲諾臯妄語今信有之

龍涎香大海中山島下龍潛處有之沒人覓取多爲龍所害致之甚難不啻如頷下珠也每兩價值百金廣州府庫向有數兩儲以備 官家不時之需稅使聞之悉奪而進 御矣余聞是香氣腥殊不可近有言媚藥中此爲第一考

珠產廉郡東南大海中冬春開採夏秋輟事緣

海之北岸皆山冬春北風多採舟始無虞也昔戰國時魏居北鄙去廉遠甚獲有照乘之珠隋時宮中不用膏燭懸珠數顆其光如晝今無論民間恐 內帑亦未聞有明月珠也畢竟隋唐以前去古未遠民尚顓蒙未解漁利海中猶得留數百千年老蚌所以夜光不乏今海濱之民家習窺池富室刁從而藪之即重法不能禁隨產而隨網去矣安望其久遠而發光也近聞採

使示余珠二顆一如獅形重七錢一面圓而底平重三錢皆附殼而生者不足貴也然採使以爲異寶亟以進　御矣

電白石城二縣沙磧間産金開採使聞之令人採取排沙揀之往往見寶大者如米粟細者如糠粃不由鎔化而成余後駐清遠聞亦有之想産金之地多有司畏中貴騷動民間秘不敢言耳

端硯出羚羊峽山中峽去端城三十餘里卽吳步隲取南海時與錢傳決戰之地從八桂來者過端必由峽而下亦一要害也近稅使令人開山取硯鸜鵒目睛幾抉盡矣

英石吾鄉好事者所蓄其質皆黑而堅細所以可貴今觀英德市中石色青而不潤理粗而不堅卽峰巒不乏易於損壞曩產佳石一山聞已濯濯矣今皆他山之石耳不足重也

石蠏出崖州臨川水中初採之頗軟出水則堅如石矣按海槎餘録云石蠏生於崖之榆林港港内半里許土極細膩最寒蠏入則不能運動片時成石矣性能明目

有一種白木焚之有烟而無味粤人採樹蘭花蘐而貯之經時焚其木儼然蘭花香也或以樹蘭蘐牙香之最下者久而焚之亦如蘭香終不若白木之美

志秇術

羊城劉思永以上池之術行兼通太素吾鄉王
梧崗按粵巳及瓜代者且至矣劉胗王脉謂王
行未有期也王問何故曰驛馬不動居亡何代
者中道以憂歸王數月駐南雄不得去去之日
劉復勸王亟反初服王猶豫未決赴京報　命
未幾王竟以言事得罪大中丞陳如崗問劉吾
何時得遷劉曰相公遷期近矣顧未得當意耳
逾月而如崗報罷

王太玄者清遠人少以耕牧爲業忽臥病不甦者七日太玄如從夢間聞空中有人語之曰汝應爲地師有寶印以貽汝即有震雷擊裂一石石中得一物高五寸許從可三寸橫殺其半色如紫泥隱隱有文不可辨太玄得之即病已而左手拘攣若鈎弋因忽解青烏家言能爲人作佳城圖其人即數千里外按圖求之輒得嘗有貴遊携之入蜀江中遇大風鄰檣覆溺者無筭

貴遊舟亦岌岌矣太玄見舟傍有物類黿首而擠舟者手持所佩印厲聲叱之其物頫而逝風浪遂息人以此信太玄果有異術也

廣城李生年五歲搦管作狂草不合處雖似鬼畫符間出佳筆倘能潛心古帖進未可量朱生完善集右軍書自運亦廣之翹楚

水車每輻用水筒一枚前仰後頫轉輪而上恰注水槽中以田之高下爲輪之大小卽三四丈

以上田亦能灌之了不用人力與浙之水碓水磨相似其設機激水卽遠媿漢陰丈人要之人巧極天工錯始製者不知何人要當尸而祝之社而稷之者也

志外夷

安南莫氏自　肅廟時篡黎氏代立　肅廟釋之弗誅僅革其王號稱爲都統其孫敬章襲位復爲黎氏所逐竄處防城潛結雷廉間無藉惡

少志圖恢復余讞獄雷陽見一囚名黃甲本傳士弟子因潛應敬章聘號爲軍師事發以謀叛論死余謂莫氏六十年來不失藩臣禮甲非謀叛比也特其不請命於　朝廷而潛行結納差可恨耳因問敬章失國何不　上聞請師討賊我　國家之於朝鮮不難發甲卒數十萬錢穀數千萬以援外藩　天覆之仁何所不暨而肯以鄉鄰之鬪視安南者耶叩其故則逐莫氏者

故王黎氏之裔也其名正矣敬章云其國黃甲云其身誰曰不宜

西洋之人深目隆準禿頂虯髯身着花布衣精工奪目語作撑犂孤塗了不可解稅使因余行部祖於海珠寺其人聞稅使宴客寺中呼其酋十餘人盛兩盤餅餌一瓶酒以獻其餅餌以方尺帨覆之以爲敬稅使悉以餽余餅餌有十餘種各一其味而皆甘香芳絜形亦精巧吾鄉巨

室畢閨秀之技以從事恐不能稱優孟也帨似
白布而作水紋精甚亦吾鄉所不能効今與瓶
酒俱儗持歸以貽好事者
西洋古里其國乃西洋諸番之會三四月間入
中國市褋物轉市日本諸國以覓利滿載皆阿
堵物也余駐省時見有三舟至舟各賫白金三
十萬投稅司納稅聽其入城與百姓交易
西洋之人往來中國者向以香山澳中為艤舟

之所入市畢則驅之以去日久法弛其人漸蟻聚蜂結巢穴澳中矣當事者利其入市不能盡法繩之姑從其便而嚴通澳之令俾中國不得輸之米穀種種蓋欲坐而困之令自不能久居耳然夷人金錢甚夥一往而利數十倍法雖嚴不能禁也今聚澳中者聞可萬家已十餘萬衆矣此亦南方一癰也未審潰時何如耳

澳中夷人飲食器用無不精鑿有自然樂自然

漏製一木櫃中實笙簧數百管或琴絃數百條
設一機以運之一人扇其竅則數百簧皆鳴一
人撥其機則數百絃皆鼓且疾徐中律鏗然可
聽自然漏以銅爲之於正午時下一籌後每更
一時籌從中一響十二時乃已其他傳神及畫
花木鳥獸無不逼真塑像與生人無異劉天虞
爲余言向往澳中見塑像幾欲與之言熟視而
止

番人有一種名曰黑鬼遍身如墨或云死而驗其骨亦然能經旬宿水中取魚蝦生啖之以爲命番船渡海多以一二黑鬼相從緩急可用也有一麗漢法者讞於余狀貌奇醜可駭侍者爲余言此鬼犴狴有年多食火食視番船中初至者皙白多矣然余後讞獄香山復見一黑鬼禁已數年其黑光可鑑似又不係火食云

辛丑九月間有二夷舟至香山澳適事者亦不

知何國人人呼之爲紅毛鬼其人鬚髮皆赤目睛圓長丈許其舟甚巨外以銅葉裹之入水二丈香山澳夷慮其以互市爭澳以兵逐之其舟移入大洋後爲颶風飄去不知所適

西番銀錢如錢形有細紋在兩面

天鵞絨瑣袱皆產自西洋會城人效之天鵝絨贋者亦足亂真瑣袱真僞不啻霄壤

黎人在瓊崖儋萬之中椎髻跣足文身以花細

者爲貴仇怨必報時自攻殺被創而死者其家得屍則客瘞之不爲悲泣葢諱其死恐爲敵人笑也近頗猖獗時拉中國人入洞索贖余閱訟牒中有以檳榔及鷄猪食物種種入贖者

粵劍編卷之三 終

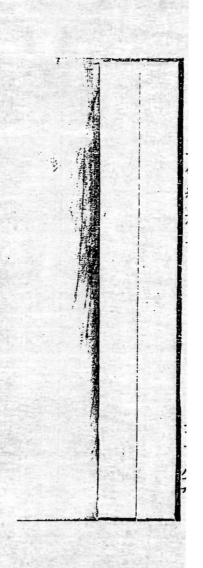

粤劍編卷之四

吳郡王臨亨止之甫

志遊覽

紀行一

萬曆庚子夏余奉　命慮囚嶺南故事使者被
命以遠近為差悉期明年正月入境視事冬
杪余治裝者屢矣顧慈闈戀戀不忍言别以獻
歲之四日發舟時方寒甚河氷如砥幾不成行

已而旭日漸高惠風徐扇始得鼓枻是夕泊跨塘五日抵郡謁辭直指何公暨府縣諸公相送者亦以次別去獨內弟微仲弟貞夫兒子和卿從是夕次吳江六日次黃崗涇七日早抵嘉禾嘉禾有故人子人傳以閱墻之釁遂至破家者及訪之僅剥床以辨耳爲之解顔相慰是夕次石門八日次塘棲九日次武林武林督郵使者治郵事方苛而余司驛符吏復懵然不解事以

此逗遛不能遄發十日治裝舟中十一日偕微仲輩着葛巾從湖上遊追憶七年前於堤上見一玉蝶梅頗異他種偕往視之向不能把今逾拱矣攀枝泫然寧獨宣武日晡抵舟與微仲輩別十二日赴張都閫席席設湖中連三巨艦而進金鼓駢闐絲肉競奏篙師所指遊人辟易憶昨與微仲輩遊連袂紅枚招提而過我者不審凌波羅襪匿景何所喝道松間寧止貽笑山靈

而已十三日得騎從抵富陽入舟夜行十四日辰抵桐廬十五日辰抵建德是夜遂抵蘭溪十六日陸行抵龍游十七日停午抵三衢三衢益不佞舊遊地士民念故主將迎者踵至余亦感其來意人爲之勞苦生平不覺委頓更以期限頗逼客程甚修遂謝諸父老乘夜達常山而痔疾作矣十八日輿疾行至沙溪十九次弋陽二十次安仁二十一次徐橋二十二過進賢中途

雷電雨雹交作踉蹌投入民家蓋余從三衢來起必五鼓宿必夜分積勞已甚所苦因挾積勞以困我勞日益深疾日益熾不腆六尺軀幾付之何有方思得一安寢而其家復頹垣敗壁不蔽風雨視其上屋也其旁乃似荒邱者乎令人達旦不寐二十三日勉強就道雷雨復大作余念舁夫殊苦泥淖而余亦病甚勢不復能陸行因先走急足從豐城覓舟顧其地水淺民舟一

葉耳不可登僅一官舫邑疾物也舟子畏跋涉
謬余以不可假余至索舟不得政徘徊間而署
篆者郡丞蔡君見顧慨然以舟相許且囑余曰
長年傲不可使者當劾張徐州鞭之耳余遜謝
而別舟方泝流復值淫雨至二十五日始達臨
江僅僅一程悉挽夫五十餘人力窮兩晝夜而
至亦駭矣然余病亦以兩晝夜安寢坐此小痊
是夕由臨江從陸復走四十里而宿二十六次

峽江二十七次吉安二十八過泰和訪故司理
龍君頽然一老禿翁矣感嘆久之而别是夕宿
腰站二十九次烏兠驛三十日過贛州中丞李
公招飲辭以疾次九牛驛二月朔次南安二日
早發南安平旦度梅嶺其陰石徑蛇行屈曲而
多委其陽峭壁林立深秀而多致要皆平坦靡
咫尺險隘足困客趾者憶余嘗由金華過括蒼
度一嶺高險倍之而以僻故其名不傳此嶺獨

以橫截南北爲百粤數千里咽喉犀象珠翠烏綿白㲠之屬日夜輦而北以供中國用大庾之名遂滿天下山河大地亦自有幸不幸耶庾嶺後更八十里乃息肩於南雄府治

王生曰余覩學士搢紳紀行多矣彼駕高車策駟馬而稱皇華貴客者其人皆履順自適無之非樂境者也跡其所稱述靡匪山川之偉奇景物之韶秀登覽足以娛目而詩酒足以娛心者

耳以余所述未逾月而走數千里道間關勞瘁不言可知而況疾疢侵其內風雨侵其外乎則亦何適之有而津津道之不寘噫嘻吾本麋鹿偶被羈紲顧長林豐草昔昔魂交矣所爲述紀行者欲令觀者知吾過也夫一笠一瓢起居惟適家食顧不足而必嶺南哉

紀行二

故事使者按部先從會城始爲戒僕夫南下初

五日發凌江三日而抵韶州凌江而下山皆庾嶺雲仍與湞流旋遶不斷然沙礫所積不生峰巒水亦僅可濫觴毋足紀者至韶而始爽然改觀也遂易輿而航曰吾將儆木蘭之惠厥幾隱几亦青山哉第以輕楫赴順流具有一日江陵之勢卽重巒積翠修嶺引青從流上者當視如黃牛峽而吾且以爲阿閦國也顧其間一二名山蠟屐亦稍稍一過縱不敢謂勝遊亦足解嘲

矣初九日遊觀音山山在清溪英德之半江畔一峰怒起高可二百餘丈横過之石從中裂緣石磴可百級而上得方丈平衍地兩道人棲焉其上黝黑不復辨色從者舉火導余而前躡雲梯宛轉數百級始得大士靖受日光矣簷端石乳覆之修短參差眇然雲漢其下俯臨江流削立千尺隔江一山相向似端拱而來朝者天外諸峰高下近遠爭獻奇於烟嵐吞吐閒吾不知

於紫竹巖何似亦足當大士一駐錫矣午後過
英德得一山其嵌空玲瓏姑未暇論石皆側理
生勢若隨流奔赴者豈霍嫖姚將鐵騎數千追
屬賀蘭山前耶其明日遊峽山寺峽踞清遠之
上流三十里兩山夾湞水而注之海故曰峽寺
始蕭梁普通中古蹟甚夥而亦有影響疑似者
寺僧導余上入涵碧堂小坐啟右扉而北度石
橋過綠雲樓樓後石徑參差右斧石以通流泉

左則窪而爲澗受泉之餘派者也兩傍皆峭壁聳峙漸由石級上折而西復折而南爲鳴琚亭又上三四折而懸崖益高流泉從崖顛來汩汩下注所恨者泉脉差細不能飛瀑耳一亭面之曰桃流漱石至此則面面芙蓉高插雲漢石徑窮而遊人郤步矣清遠朱生數遊而樂之名其地曰飛泉洞余問寺僧峽有歸猿洞安在耶僧以久湮對余曰噫含山表長官女授僧碧玉環

隨返故形而去本不離蘭若中此何遽不爲歸
猿而强名飛泉也因令僧導至飛來寺僧指山
杪松對曰寺藏此中余意僧詒我振衣而前躡
石磴里許得一亭曰半雲半雲而上復數十百
級汗出浹背矣顧視山杪松尚在雲際余以勝
具劣悒悒而下下則觀達磨石釣鯉臺定心泉
而令舟子鼓檝是夕宿清遠清遠而下漸廓爲
平原夾岸無名山足寓目者越三日而始得小

金山小金山者本名靈洲以踞江心視潤洲具體而微故名昔蘇長公謫昌化軍經宿此洲忽悟前身是德雲和尚爲題詩付寺僧由此靈洲之名滿天下其地不過江中一渾耳顧其陽木棉花盛開的如凝脂其陰有環翠亭扁即長公手筆也綠陰匝地又類施黛四圍江水環之恍忽美人對鏡理曉妝者嗟乎王生四大坐慾火中躡名山乃作如是觀耶雖然試質之子瞻當

得首肯余命舟子移棹山陰汲泉煮茗飽噉嫩綠因思旦日當抵會城便營然與冠蓋相逐矣況復有桁楊接槢侷伏而過我者耶追想今日坐艇晝俯潺湲與溪雲山鳥兩兩閒適當如夢境遂命筆爲之記時辛丑仲春十三日也

鳳城遊紀

憶余從里中來周桂史爲余言足下遊潮陽無忘金城之勝茲過潮讞畢無事同兩別駕遊金

城顧而樂之謂桯史之言不謬也別駕何君舉
觴進曰金城良勝特几案間物耳大夫不棄請
得携偏提侍杖屨而游湖上諸山可乎余曰善
請致期別駕期望日往余曰更善遊與倘劇而
徼惠金魄不憂虞淵迫人矣如期命駕出北關
稍折而西湖已嚙山之趾有石穹然不受嚙而
怒立者是爲壽安巖巘端有亭亭隅一洞石磴
具在可循以攀躋不知何人斷其脉顧取別道

以上有不可曉者巖多石刻最久者爲元祐間遊人題名徘徊久之而下南行數百步爲壽安寺寺已久廢近好事者復芟刈而鼎新之廟貌弘敞法相莊嚴不覺令人合掌時何君已治酒榼相待矣余聞寺左鄭氏園寺右唐氏園可遊也笑謂何君向如來浮白者孰與對名園浮白耶則相與訪鄭氏園初入門得一石屋傴僂乃入顔曰谷口從主人也於是爲亭爲榭者有五

名皆腐不堪紀而各踞一勝以娟遊目引泉爲池不中規矩就石澗以爲大小曲折爾時紅白蓮花盛開散則如霞聚則成綺别駕觴我於池亭之上意甚適也以爲觀止矣已循石磴而上得一亭遥見蓮花掩映於雕欄曲水之間可望不可即豈巫之行雲洛之驚鴻也耶遠近湖山亦漸撲人眉睫矣啟亭之陰是爲霞光洞洞當山半而面東暘谷始光此應先受主人名洞之

意計當爾爾右折而上數十級復得一亭則湖
光如練城市如鱗金韓諸山參差林立於雲表
眞令人應接不暇不覺大呼奇絶急呼樽酬之
余聞何君耑庰猶在南巖意不欲舍此而去因
問何君南巖之勝孰與此地多何君曰相梨橘
柚各有其美余忻然更有望蜀之想遂與何君
躡磴而下揖何君先之南巖以待而獨遊唐氏
園唐氏園者故選部伯元氏之別業舊名釣魚

臺者也選部遊道山而別業蕪廢所不與畫梁雕砌俱摧者僅十數巨石耳石多宋元以來題名更有三四梵字大可如席得之蒼苔剝蝕之間知茲地曩時應是緇流窟宅而不可考矣又詎知百年之後來遊茲地者知有選部園否耶爲之慨然因題一詩於石壁而出遂登南巘巘半广以奉藏室史循石壁而上皆短墻曲徑修竹踈松最有幽致更三四折得一池不能數席

而石梁透迤山花掩映小景致足媚人上爲石室前除整潔可坐可眺更上得一亭更上復得一臺而身已在山杪矣視其下一衣帶水可吸而盡者其西湖耶滉瀁浩渺日夜注尾閭而不返者其惡溪耶二水中分一丘砥柱有似白鷺洲者其鳳凰臺耶相對稱王覇者蓮花諸峰而俯視若雲仍者金城諸山耶南望極背雲山微茫吞吐出沒於有無恍惚之間者豈大海耶而

吳閶之目力幾窮不敢正視矣爾時赫曦方厲似妒遊屐者顧逸與仙仙欲飛殊不可禁乃與炎威角而疾作矣觴未數行頭目都眩跌宕不能任遂别何君以歸歸時日尚未虞淵也昔人稱有勝情者必取給於勝具余勝具差劣而不量螳臂以鬬赫曦不知其不勝任也良宵有約負此金魄多矣明日病愈命管城記之以志余媿

游羅浮山記

羅浮粵東鎮山也道書以爲十大洞天之一昔者勾漏翁伏砂玆土昇爲天官是山固群眞之玄宮而仙令之冊府也顧越在南荒兼非孔道烟霞之侶秪勤夢思圭組之倫更多掉臂而玆山已爲樵夫牧豎有矣七月既望余讞獄惠陽事竣下慱羅挾一偏提持四日糗以游戒縣令毋煩廚傳也已出城則擔供帳而往者踵相屬

矣時過一聚田畯釋耜而來舁余者動數十百
夫矣荷鋤而爲余除道者且先余矣余念有司
意良至亦以此自媿是日抵冲虚觀蓋山之西
麓也觀之前除一亭扁曰御簡黄冠爲余言
文皇帝常賜御書瘞之亭下余謂此玉簡之訛
也故是　文皇帝瘞玉處耳謂　龍文鳳章而
可着土中耶然余先以羅浮志索縣中不得無
從考證僅以臆斷而已因入肅稚川祠訪冊龕

所在而止宿焉時方子夜僕夫驛騷聲徹臥内
質明命駕則有百餘人各司事以待至有執虎
子以相從者余下令减之時縣簿爲余督夫役
鄉民奉簿令若神明余遣之不去也因以兜輿
行過一石壁有刻青霞洞詩其上者黄冠導余
入一頹垣中指示余曰此青霞書院遺址也無
論無洞亦遂無一石余爲之掩口而出黄冠言
石洞景饒視青霞輿臺耳則導往石洞其地巨

石偃臥長林中稍稍不凡第石無秀質而林多灌莽殊乏清遠之致至一别業則葉民部所搆也去青霞敗壁差遠然數楹之室截然如矩周遭嚴密疑是王石諸公寶藏室耳此何與人游覽事飯而出登蝦蟆峰更上登玉女峰志稱羅浮高三千六百丈此可得二千餘丈矣然而高峻有之奇秀不逮竊意山靈欺人示我以杜德機耳黄冠方指點其上曰此爲仙女峰此爲飛

雲頂此爲鐵橋蘇長公桂酒方勤石處也忻然
顧徃忽罡風從東南來萬竅怒呺巳而雲從足
下起忽失諸峰所在知爲雨兆顧其上無半椽
可棲者飲酒不盡一瓢亟呼輿人下未至蝦蟆
峰而雨如注頂踵盡濕矣從兜中匿咲豈其遊
驪山賜浴華清宮來耶顧視從者當其上時則
汗而吻吁下則沭而齒擊矣意甚憐之柰何以
我一人故一人僅以雙背故勞苦百里之民父

子爲也再抵冲虛觀閭黄冠亭余從者擊鮮無
筭卽僕夫百人一一仰食觀中余問縣官何以
不授餐則曰往事乃爾余始悔之甚游無所得
奇不藥爐冊井且爲余若洗也則何以謝勾漏
令聞有黄龍洞可遊葢南漢劉氏所建天華宮
也第念勞費不貲吾將遣五色雀報謁山靈而
返矣明日遵歸途飯於胡鎮三四諸生來謁卽
胡氏子姓也問諸生山中何樂對曰有萬丈羅

浮十里芙蓉耳問芙蓉池有暫舟可致否對曰大夫且飯當爲大夫以寸晷致之亡何報命具舟矣余往則胡氏以二小艇相維而施木其上四圍立柱以青油幕覆之几席間揷芙蓉殆遍居然畫舫也下令放舟水中央清風徐來暗香逆鼻綠葉紅葩簇簇逊人似羣遊袂而不捨者吾不知太華玉井何如即昨所登最高峰亭亭霄漢吾當攬玉女之裾而問之何如我凌波羅

禨矣夫余夢寐名山半生神注顧一往若驚雙梟遄返而垂情冶艷戀戀不忘豈野馬之緣未斷而烟霞之疾尚可瘳耶吾滋懼矣吾滋媿矣

處暑後二日記

九月十四夜話記附

大中丞戴公再宴余於衙舍爾時海夷有號紅毛鬼者二百餘挾二巨艦猝至香山澳道路傳戴公且發兵捕之矣酒半余問戴公近聞海上

報警有之乎公曰然聞明公夢　蒞任剿夷有之乎
公曰此叅佐意也吾令舟師伏二十里外以觀
其變余問此屬將入寇乎將互市乎抑困於風
伯若野馬塵埃之決驟也公曰未曉亦半屬互
市耳今香山澳夷據澳中而與我交易彼此俱
則彼此必爭澳夷之力足以抗紅毛耶是以夷
攻夷也我無一鏃之費而威已行於海外矣力
不能抗則聽紅毛互市是我失之於澳夷而取

償於紅毛也吾以爲全策故令舟師遠伏以觀其變雖然於公何如余曰明公策之良善第不使窮有請也香山之夷盤據澳中聞可數萬以數萬衆而與二百人敵此烈風之振鴻毛耳顧此二百人者旣以互市至非有罪也明公乃發縱指示而殲之於心安乎倘未盡殲而一二跳梁者揚颿逸去彼將糾党而圖報復如其再舉而禍中於我矣彼犬羊之性[illegible]所分別涇渭謂

釁之殲我者非漢人耶不佞[illegible]　愚計竊謂海
中之澳不止一香山可以互市明公誠發譯者
好詞問之果以入市至今一幹吏別擇一澳以
宜置之傳檄香山夷人謂彼此皆來賓各市其
國中之所有風馬牛不相及也慎毋相殘先舉
兵者中國立誅之且夫　主上方寶視金玉多
一澳則多一利孔明公之大忠也兩夷各釋兵
而脫之鋒鏑明公之大仁也明公以天覆覆之

兩夷各慴服而不敢動明公之大威也孰與挑
釁搆怨坐令中國爲池魚林木乎哉戴公曰善
遂樂飲而罷

粤劒編卷之四終